27 septembre 1602

DECLARATION
DV ROY, SVR SON

Edict & Reiglement General des Monnoyes, du present mois de Septembre.

A ORLEANS,

Par Saturnin & Fabian les Hotots freres, Imprimeurs & Libraires.

M. DCII.

Auec priuilege du Roy.

henry IIII

ECLARATION DV
Roy, *sur son Edict & Reiglement*
general des Monnoyes, du present
mois de Septembre.

ENRY PAR
LA GRACE DE
DIEV, ROY DE
FRANCE ET DE
NAVARRE. A

us ceux qui ces presentes let-
es verront : Salut. N'ayans
oings desiré d'apporter vn
on Reiglement au faict de
os Monnoyes, que la necef-
té de ce faire nous y conui-

A ij.

oit, mefmement en ce tem
auquel le commerce & tr
ficq en noftre Royaume
toit quafi reduict au feul b
Jonnement & tranfport
nos efpeces & matieres d'O
& d'Argent hors icelluy, p
l'intelligence des eftrangers
uec aucuns de nos fubjects.
continuation duquel ne po
uoit promettre qu'vn gra
defordre, fuyuy d'vne extre
me pauureté : & ayans rec
gneu la caufe procedder
furhauffement des efpeces qu
chacun liceutienfement intr
duifoit à fa volonté. No
aurions, par noftre Eedict
prefent mois de Septembre

Verifié, ou befoing à efté reduict le cours d'icelles & d'au-
cunes eftrangeres que nous aurions remis en vfage, au prix
porté par ledict Eedict. En
execution duquel, (quoy que
noftre intention fuft de donner quelque chofe au peuple
de la rigueur du poids porté
par ledict Eedict pour le ga-
rentir de la perte qu'il euft
fouffert és efpeces de moindre poids) il fy feroit pre-
fenté des difficultez qui ont
faict naiftre des abus que l'on
commence de practiquer, pour
rendre auec le temps noftre-
dict Eedict fans effect. En
ce mefmement que les efpe-

ces qui par l'vſage, manie-
ment & antiquité ne ſe trouuent du poids porté par ledict Eedict, ſont reputées ou
receues pour tel prix que bon
ſemble aux creanciers, qui
apres les expoſent enuers les
plus neceſſiteux ou moings
difficilles pour le prix porté
par iceluy. Ce qui ne peut
en fin produire qu'vn grand
trouble & confuſion. D'ail-
leurs la rigueur du poids eſ-
tant practiquée, vne grande par-
tie de nos eſpeces d'argent qui
ne ſe trouuent, à l'occaſion
deſſuſdicte, du poids porté par
noſtredict, Eedict, ſeroit miſe
au billon auec vn preiudice nõ-

able de nosdicts subjects, au bien
& soulagement desquels voulans
pouruoir. SCAVOIR FAI-
SONS, que nous, de l'aduis de
nostre Conseil, auquel c'est affaire à esté traicté & deliberé.
AVONS dict, declaré &
ordonné, disons, declarons &
ordonnons par ces presentes,
que les especes d'Or & d'argent à nos coings & armes:
Sçauoir les escus & demy,
escus qui se trouueront legers
d'vn grain, francs, demy,
& quarts de francs, pieces
de seize sols cy deuant appel-
lées quarts d'escus & demy
quarts, testons & demy testons, qui se trouueront le-

gers : Lefdicts francs iufques
à fix grains, les demy &
quarts à l'equipolent, & lefdictes pieces cy deuant appel-
lées quarts d'efcus & demy
quarts, teftons & demy teftons, iufques à quatre grains
& non plus. AVRONT
cours par prouifion pour vn
an feulement, à commancer
du iour de la publication
des prefentes, pour le prix
porté par ledict Eedict, & celles qui fe trouueront plus legeres que defdicts quatre &
fix grains, feront defaprefent
portées au billon. Et ledict temps
d'vn an paffé, feront toutes
lefdictes efpeces legeres portées

tees à la fonte, & en deffen=
dons le cours & mise entre
nos subiects sur les peynes
contenues audict Eedict.
Leur enioignans à celte fin
de peser au trebucher toutes les especes d'or & d'argent ayans cours par iceluy.
SI DONNONS en man-
dement à nos amez & feaulx
Côseillers les gés tenás nostre
Cour des Monnoyes, Baillifs,
seneschaulx & leurs lieutenans generaux & particuliers
& tous autres nos Iusticiers &
Officiers qu'il appartiendra.
Que ces presentes nos lettres
de declaration, vouloir & intention, ils veriffient, facent

lire, publier & regiſtrer ; & le
contenu garder & obſeruer
de point en point ſelon ſa forme & teneur, nonobſtant op-
poſitions ou appellatiós quel-
conques & ſans preiudice d'i-
celles. Et pource que deſdi-
tes preſentes on pourra auoir
affaire en pluſieurs & diuers
lieux, Nous voulons qu'a la
copie ou impreſsion collatió-
née par l'vn de noz amez &
feaulx Conſeillers, Notaires
& Secretaires, ou le Greffier
de noſtredicte Cour des Mó-
noyes, foy ſoit adiouſtée
comme au preſent Original.
Auquel en teſmoing de ce
nous auons fait mettre noſtre

ſeel. Car tel eſt noſtre plaiſir.
DONNE à Paris, le vingt-
ſeptieſme iour du mois de
ſeptembre, l'an de grace mil
ſix cens deux. Et de noſtre re-
gne le quatorzieſme.

Ainſi ſigné,

HENRY.

Et ſur le repli : Par le Roy,

RVZE.

Seellees ſur double queuë
du grand ſeel de cire jaulne.

Leuës, publiées, & registrées, ouy sur ce l[e procu-]
gen du Roy, Ordonne la Cour qu'elles sero[nt]
publiées à son de trompe & cry public, par l[es]
carrefours & lieux accoustumez de ceste vi[lle]
& faulxbourgs de Paris, & copies collatio[n-]
nees par le Greffier, enuoyees en tous les Bailli[a-]
ges Seneschaucées & Vigueries de ce Royaum[e,]
pour y estre semblablement leuës, publiées [&]
registrées, à ce qu'aucun n'en pretende cau[se]
d'ignorance, gardées & obseruées selon le[ur]
forme & teneur, & deffences à toutes pe[r-]
sonnes d'exposer ou receuoir les especes y me[n-]
tionnées, pour plus hault ou moindre prix q[ue]
celuy porté par l'Edit. Et sera informé à la [re-]
queste du Procureur general, contre ceux q[ui]
contreuiendront, pour estre punis par la rigu[eur]
des Ordonnances. Pareilles deffences sont f[ai-]
ctes aussi à toutes personnes de s'entre-me[sler]
du faict d'eschange, s'ils ne sont Maistres [des]
Monnoyes ou Changeurs, ou qu'ils n'ayent p[er-]
mission verifiée en ladicte Cour, sur les pe[ines]
contenues en l'Edict de suppression desdits [Chan-]
geurs. A Paris en la Cour des Monnoy[es, le]
trentisme iour de Septembre. mil six cens [...]

Signé,   N A B E R A T.

Enfuit le prix que les Maiſtres des
Monnoyes & changeurs ſeront
tenus de donner au peuple des eſpeces roignées & legeres, tous
dechets de fonte, remedes & ſa-
laires de change deduicts.

DV marc des eſcus & demis,
rongnez & legers, deux
cens vingt ſept liures.
L'ôce, xxviij. liures, vij. ſols vj. de.
Le gros,　　　　　iij. liures xj. ſols.
Le denier,　　xxiij. ſols v deniers.
Le grain,　　　xj. den. obole pite :

Du marc des quarts d'eſcu & huiĉt
ieſmes d'eſcu auſſi rongnez & les
gers, xix. liures iij. ſols.
L'once,　xlvij ſols x. den. obole.
Le gros, v. ſols, xj. den. obole.
Le denier,　　　　　　ij. ſols.
Le grain,　　　　　　j. denier.

Du marc de frācs, demy & quar[t]
auſſi rongnez & legers,　　xvij. [l]
ures vij. ſols.

L'once,　　　xliij ſols iiij. den. ob[...]
Le gros,　　　　v. ſols v. den. pite[...]
Le denier,　　　　　　　ij. ſols[...]
Le grain,　　　　　　　　j. den[...]

Du marc de teſtons & demis[...]
xviij. liures xiij. ſols.
L'once,　　　xlvj ſols vij. den. ob[...]
Le gros,　　　　　　v. ſols xj den[...]
Le denier,　　　　　　　ij. ſols[...]
Le grain,　　　　　　　　j. den[...]

...leu & publié le contenu cy dessus , à son de
...pe & cry public, par les carrefours de ceste
...e & faulx- bourgs de Paris & lieux accou-
...nez à faire cris & proclamations, par moy
...ert Creuel Crieur iuré du Roy és villes
...osté. & Vicomté de Paris , assisté de Si-
... Houssaye , & Guillaume Chapelier
...ssiers en ladicte Cour, & Claude Pouteau
...Mathurin Noiret, Trompettes iurez &
...naires dudit Seigneur esdicts lieux, le Lun-
...rentiesme & dernier iour de Septembre.
...D 2.   Signé

CREVEL.

...ollationné à l'original par moy Greffier
    en la Cour des Monnoyes.

...ue publiée iudiciairement le siege ordinai-
...Bailliage & siege presidial d'Orleans, te-
...ouy & ce requerant le Procureur du Roy
...t siege, Auquel à esté octroyé acte de la-
...publication, & ordonné qu'elle sera enre-
...e és registres dudict Bailliage, pour y auoir
...rs quand besoing sera, & outre publiée à
... trompe & cry publicq par les carrefours

ordinaires de ceste ville & faulx bourgs d'[...]
leans, & couppies d'icelle signées du Greffier [...]
dict Bailliage enuoyées és Chastellenies Roy[...]
& non royalles de ce ressort pour y estre pa[...]
lement leues & publiées. Donné à Orleans [...]
nous Françoys Beauharnoys seigneur de la [...]
liere & de Villethassue, Lieutenant General [...]
President presidial audict Bailliage & siege [...]
sidial d'Orleans, assisté des Lieutenans parti[...]
lier, & Conseillers Magistratz dudict si[...]
Le Mardy huictiesme iour d'Octobre, mil [...]
cens deux.

Signé, VASLIN.

La presente declaration à esté leue & pub[...]
à son de trompe & cry publicq par tous les [...]
refours de ceste ville, faulx-bourgs & Po[...]
reau d'Orleans, par moy Nicolas Lasne, Ser[...]
Royal & crieur ordinaire de ladicte ville [...]
sisté de Martin Desveignes trompette, à ce [...]
personne n'en pretende cause d'ignorance. [...]
le neufiesme iour d'Octobre, mil six cens d[...]

Signé,   LASNE.